Emma Klingenfeld

Sonntagsmorgen = Söndagsmorgen

Emma Klingenfeld

Sonntagsmorgen = Söndagsmorgen

ISBN/EAN: 9783743341128

Hergestellt in Europa, USA, Kanada, Australien, Japan

Cover: Foto ©Thomas Meinert / pixelio.de

Manufactured and distributed by brebook publishing software
(www.brebook.com)

Emma Klingenfeld

Sonntagsmorgen = Söndagsmorgen

Meinen Eltern

Sonntagsmorgen.

Söndagsmorgen.

Dichtung und Musik

von

GERHARD SCHJELDERUP.

❊

Aus dem Norwegischen übersetzt

von

EMMA KLINGENFELD.

❊

Clavierauszug von Max Schillings.

Pr. M. 6.— netto.

Leip_____ter.

Personen der Handlung.

Borghild	Sopran.
Ragna	Mezzosopran.
Arne .	Tenor.

(Chor der Wiesenblumen.)

Ort der Handlung:

Eine norwegische Gebirgsgegend.

„Sonntagsmorgen."
„Söndagsmorgen."

Gerhard Schjelderup.

Verlag und Eigenthum von Friedrich Hofmeister Leipzig.   8314   Stich und Druck von P. M. Geidel, Leipzig.
Copyright 1893 by Friedrich Hofmeister.

Ruhig.

Etwas bewegter.

ff appassionato

8314

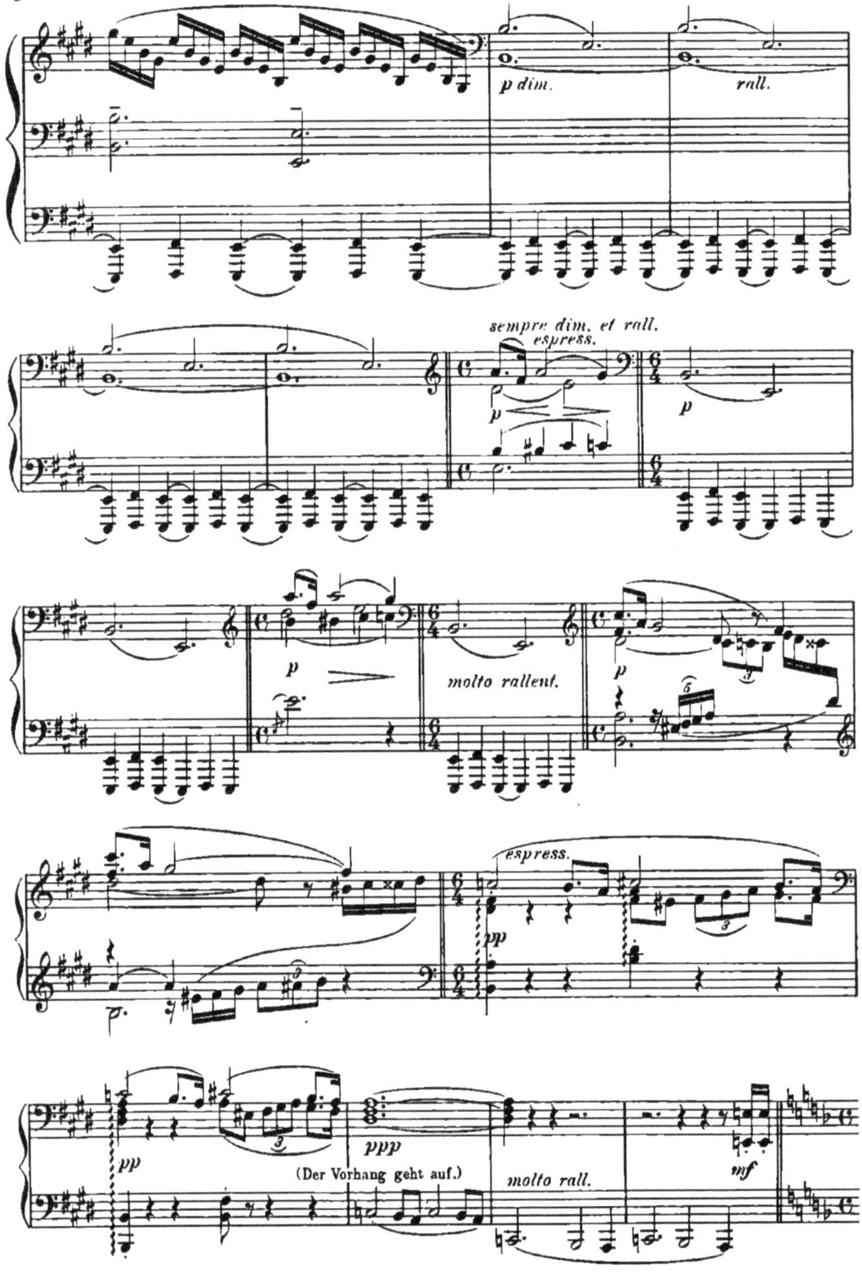

8

8314

9

Waldlichtung. Laubholz, weiter zurück Nadelbäume.
Rechts eine Anhöbe mit Säterhütten. In der Ferne hohe
schneebedeckte von der aufgehenden Sonne beleuchtete
Berggipfel. Rechts im Vordergrunde eine Gruppe blühen-
der Heckenkirschensträuche. Borghild (rechts) pflückt
Blüten. Ragna (links) sitzt traurig sinnend unter
einer alten Föhre.

Aaben plads i skogen. Nærmest lövtrær, fjernere naale-
trær. Tilhöire i baggrunden en fjeldskraaning med sæter-
hytter. Længst borte höie snedækte tinder, farvede af den
opgaaende sol. Tilhöire i forgrunden en gruppe blomstrende
hæg. Borghild (tilhöire) plukker blomster. Ragna
(tilvenstre) sidder, som i sorgfulde tanker, under en gam-
mel furu.

I. Scene.

8314

Tra la la   tra la la   tra la la   la la la   la____   la la

la la la la.____   la la   la la la la!____   Tra la la la la la la

Tra la la la la la la   Tra cresc.   la la   la la!

Agitato.   (Ragna macht eine Geberde der Ungeduld, fasst sich aber gleich.)   Ragna.
            (Ragna gjör en utaalmodig bevægelse fatter sig dog hurtigt.)   p langsamer

Wohl____   bist du
Vel____   er du

langsamer

f cresc.   sf   p   dim. rall.

im-mer   hei - - te-ren Sin - nes,   nie____   doch
al - tid   mun - - ter og ly - stig   Dog____   saa

Ped. dim.

Borghild.   Etwas bewegter.
            pp espress.

sah ich so   froh dich wie heu - te.   Ja,   du hast
glad____   som i - dag var du al - drig.   Ja,   du har

pp   gestp. H.

recht lie - be Rag - na! Nie er - schien mir das Le - - ben so
ret, kjæ - re Rag - na! Al - drig saa jeg vel Li - - vet saa

licht, wie heu - te Mor - gen! Der
lyst. som den - ne mor - gen! Hvor

herr - li-che Früh - ling füllt mit Ju - bel he -
her - ligt dog vaa - ren straa - - - ler i sol - glands! Dens

rau - schend süss mein Herz und Sinn!
ju - bel be - ru - ser sind og hjerte.

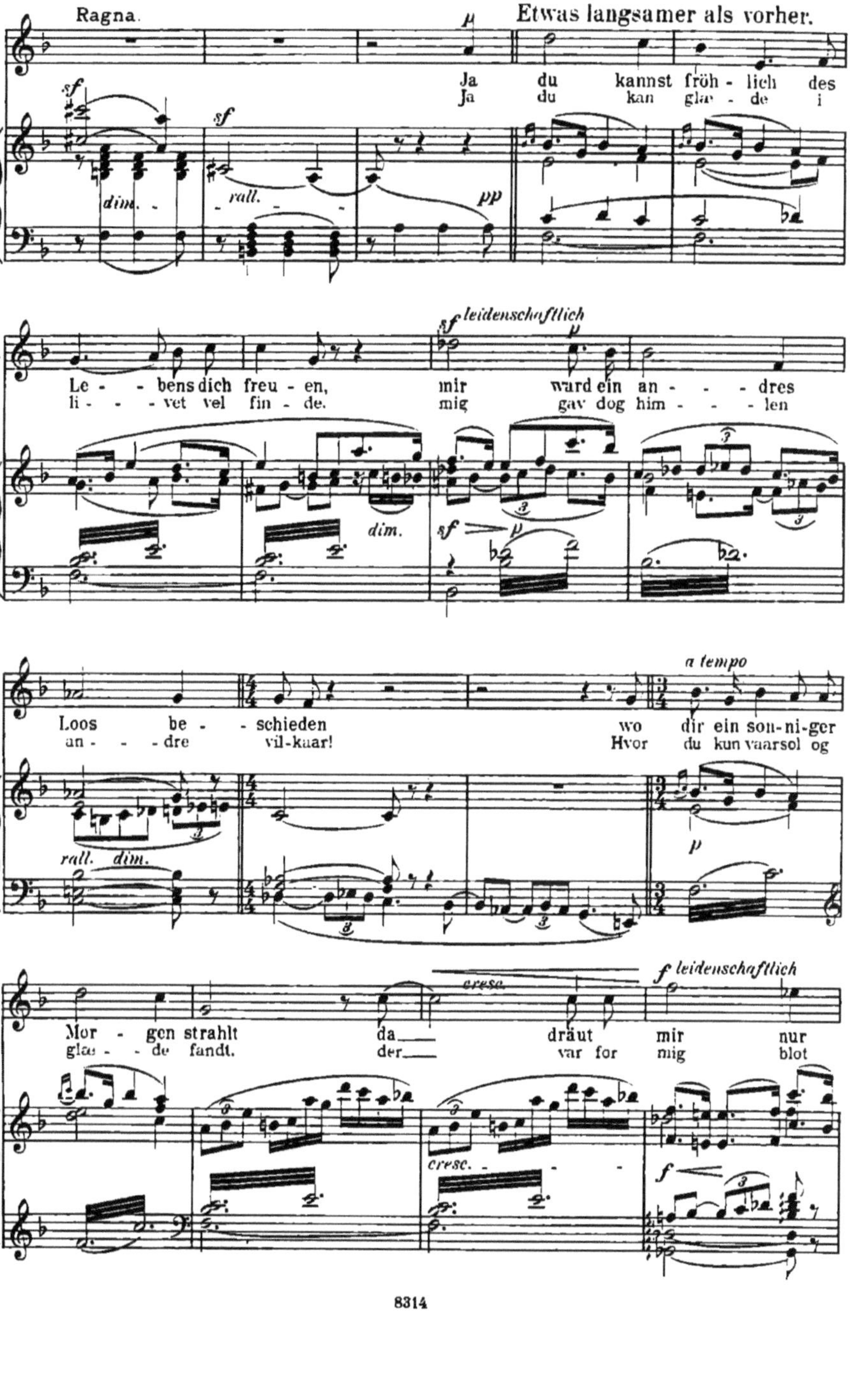
Ragna.
Etwas langsamer als vorher.
Ja du kannst fröh - lich des
Ja du kan gla - de i
sf
sf
dim.
rall.
pp
R.
Le - - bens dich freu - en,
li - - vet vel fin - de.
leidenschaftlich
mir ward ein an - - - dres
mig gav dog him - - - len
dim.
sf
p
Loos be - schieden
an - - - dre vil-kaar!
a tempo
wo dir ein son-ni-ger
Hvor du kun vaarsol og
rall. dim.
p
cresc.
f leidenschaftlich
Mor - gen strahlt da draut mir nur
gla - de fandt. der var for mig blot
cresc.
f

16

näch - - - ti - ges Dun - kel.
kum - - - mer og smer - te!

Dir__ lächelt das Le - ben ver - lo - - - ckend schön!__
Dig__ smi - ler li - vet saa lok - - ken - de skjönt!__

Mir winkt der Tod, die
Jeg ön - sker dö - - - den, den

e - wi - - ge Ru - he!
e - vi - - ge hvi - le!

8314

18

8314

Lento.

Va-ter und Mut-ter, Brü-der und Schwestern
Fa-der og mo-der, brö-dre og sö-stre.

Al-le un-ter den Trümmern begra-ben! Ich von Al-len al-
al-le dybt un-der skre-den begrav-ne! Jeg a-le-ne blev

lein ward ge-ret-tet, da - mit ich des Le-bens Jammer er-lei-de!
red-det af al-le! for e-ne al li-vets jammer at li-de!

8314

Arm, ver - las - sen und hei - mat - los,____ ge-
Ak, saa hjem - lös. saa sorg - - fuld,____ ei

liebt____ von Kei - nem wünsch' ich mir oft:____ möch - te ein
els - ket af no - gen öns - ker jeg blot:____ maat - te dog

Berg - sturz doch mich auch be - gra - ben, mich und al - - le
skre - den og mig snart be - gra - ve, mig og al - - le

Kin - der des Jam - mers, so wie er
li - del - sens börn,____ saa, som den

8314

R.
einst die Mei - - - - nen be-
den gang hjem - - - - met be-
sf
grub!
grov!
Furioso.
fff
Moderato.
f
Ver - hasst sind mir Al - le, die
Mit had ram-me hver en, der
r. H.
Allegro.
glücklich sind!
jub - ler glad!
cresc.
dim.
rall.

24

Molto moderato.

Borghild.

Lie - be Rag - na, wie kannst du so spre - chen,
Kjæ - re Rag - na, hvor bit - tert du ta - ler!

nicht bist du ver - las - sen! Komm doch mit
Ei mer er du e - ne. Kom dog med

mir, un - ser Hof ist gross! Du sollst ein
mig til vor vak - kre gaard! Hos os et

Heim bei den Mei - nen fin - den.
hjem vil du sik - kert fin - de!

8314

Allegro.

Ragna.

Nein, nim-mer - mehr an - dern zur Bür - de fal - len!
Nei, ei jeg vil fal - de din slaegt til byr - de!

Ich will nicht Lie - be em-pfan-gen, noch ge-ben!
Mit sind kun li - der ved god-hed fra and-re!

Kalt ist mein Herz wie der Glet - scher-schnee!
Koldt er mit hjer - te som bra - ens is!

Nur
Kun

Langsam.

R. Ei - - - nen liebt ich von gan - - zer See - le,
en ___ jeg el - sked saa dybt ___ saa varmt! ___

pp espress.

sf

pp

R. Ei - nen al - lein, ___ und ward ver - schmäht!
Han. alt mit haab, ___ han saa ei mig!

pp riten. *sf*

espress.

sf *pp*

Moderato.
Borghild.

Ver - trau - e der Freundin, was dich be - küm - mert
Be - tro mig, du kjæ - re, kun al din smer - te!

mein
Du

pp *p* *pp* *p* *dim.*

B. Mit - ge - fühl wird den Schmerz dir lin - dern!
li - der saart, kan nok træn - ge med - dynk!

tr

p *dim.*

R.
in seinem tie - - fen Blick konnt' ich le - sen wie un-aus-
dog i hans dy - - be blik saa jeg ly - - se en u-ud-

dim. rall. - pp cresc.

Poco più mosso.
Borghild:

R.
sprech-lich auch er dich liebt!___ Ja,
si - ge-lig el - - skovs ild! ___ Din

pp cresc. - - p

B.
Freun - din so ist's ich füh - - le sei-ne war - - - - me
gjæt - ning er - sand. Jeg fö - - - ler selv hans var - - - me

pp cresc. - mf

B.
Lie - - - - be.___ Zö - gert er auch, sein
kjær - - lig - hed, nö - - ler han end - - med at

pp

8314

B. Herz mir zu öff - nen, wagt er noch nicht, arm, wie er ist, um
aab - ne sit hjer - te han er fat - tig, jeg er jo rig. min

B. mich, das rei - che Mäd-chen zu frei'n!
rig - doms glands kun mart - rer hans sind!

poco cresc. *p cresc. - - - - -*

Bewegter.

B. O welch ein strah - - - lender Früh - - - lings-
aa, den - ne straa - - - len-de vaar - - - sols

f

B. tag weckt mit ju - - - - beln-den
glöd vaek - ker med tu - - - - sen-de

mf

Più mosso.

(Geht ab nach rechts.)
(gaar hurtig bort)

Zimmer schmük-ken.
duf-ten - de grene.

ppp

dim. rall.

pp grazioso

poco cresc. — — — — p

dim.

molto rall. — — — — pp

II. Scene.

Allegro. *Leidenschaftlich.*   Ragna: (allein)
(alene)

Welche Qual!
Hvilken kval!

ff

dim.

mf

cresc.

Sie ist's, die er liebt!
Hun er ham nu alt!

cresc.

marcato

8314

34

Lento.

Allegro.

Ich Unglück-se - li - ge!
Jeg u - lyk - sa - li - ge!

Und sie____ die Stol - ze denkt nur an ihr eig - nes
Og hun,____ den stol - te, hun jub - ler i sa - lig

Glück____ und heu - chelt Mit - ge-fühl für frem - des Leid.
fryd____ og hyk - ler blot med - dynk med an - dres sorg!

8314

reiz - te zur Kühn-heit uns   kind - li-che Lust!   Uns
kap - pe-des beg - ge   i   trod - - sigt mod,   os

lok - - te des Wal - - -des tie - - -fe Stil - le,   wir
lok - - ke-de sko - - gens dy - - be stil - bed,   vi

such - ten Blu-men am Berg - - ab-hang___   wo er am steil-sten sich
søg - - te blomster i berg   og ur;___   hvor der var far-ligst man

nie - der senk - te.
fandt os beg - ge!

Allegro.

Al - les vor - bei!
Alt, ak, for - bi!

Ach er liebt
nu er hans fryd

Borg -
Borg -

- hild!
- hild!

Und Stolz
og stolt

er - füllt sie
hun jub - ler

bei dem Ge-
da klart hun

dan - ken, dass sie
fö - ler, at hun

sein Höch - - stes
a - le - - ne

auf der
er ham

Welt!
Alt!

Und
og

Etwas langsamer.

ich?___ bin ich einzig zur Qual ge - bo - ren!
jeg___ er a - le - ne til kval jeg baa - ren?

a tempo

Muss ich noch beugen den stol zen Sinn, der selbst ge-gen Fel-sen sich bäum - - te,
maa jeg dog al - tid be - hers-ke mit sind, der gjer - ne om-styr-te-de klip - - -per.

Schneller.

gleich dem brausenden Was - ser-fall!
som det bru-sen-de fos - se-fald!

Lento.

O wie ich lei - de in die-sem E-lend!
Aa, hvor jeg li - der kun sorg og kva-ler!

Allegro.

(Macht eine trotzige Geberde.)
(gjör en trodsig bevægelse)

bis zur Ver-zweif-lung!
aa, jeg for-tviv-ler!

cresc. - ff dim. -

(Steht auf)
(staar op)

Lie - - ber auf im - - mer ihn ver-
Hel - - ler for e - - - vig selv ham

cresc. -

lie - ren, als er-tra - - gen, dass sie____ die
mi - ste end at taa - - le. at hun.____ den

cresc. -

glück-li-che, ihn be - sitzt. dass sie die
ju - blende, blir hans brud! at hun den

mf cresc. -

Se - lig-keit ge - niesst,___ nach der mein gan - zes We - sen
sa - lig - hed skal naa,___ hvor-hen min at - traa hi - ger

in hei - sser Sehn - sucht sich ver - zehrt!___
i vil - de længs-lers flam - me - glöd!___

Furioso.

Es pocht mein Herz!
Mit hjer - - - te slaar!

Wild___ strömt das Blut___
Vildt___ ström - mer blo - det

III. Scene.

ar - me Schol - le ge - bun - den.
ung - dom dåd - lös for - spil - des!

Fern - hin
Langt bort

will ich! Hin - aus in ei - ne rei - che - re Welt!
maa jeg, vil kjæm - pe mod de höie - - ste maal!

Moderato.

La melodia ben marcato

Kun - - - de dringt bis in
Bud - - skab kom og til

48

unsere Thäler von herrlichen, fernen
vore dale om herlige fjerne

Ländern mit schönen, fruchtbaren
lande med skjönne, frugtbare

Feldern, mit Riesenströmen und
marker, med kjæmpefloder og

mächtigem Urwald!
veldige skoge!

8314

Dort zieht es mich hin zu grö - sse-rem Wir-ken! Zu eng ist mir's im
Did dra - ger jeg nu, til ar - beid og manddom, for trangt er mig mit

Hei - mat-lan - de!
fö - de - land!

Ragna.

Mich, Ar - ne, täuschest du nicht.
Sandt, Ar - ne ta - ler du ei!

Auch hier be-darf es mu - ti-ger Kraft!
vi træn - ger her og ung - dommens kraft!

Ein an - dres treibt dich hin - weg:
Dig dri - ver bort fra vort land

Dei - ne Lie - be zu
kun din el - skov til

Arne.

R.

Borg-hild. Du rie - test recht, teu - re Rag-na!
Borg-hild. Du gjæt - ter sandt, kjæ-re Rag-na!

rall. dim.

Poco più mosso.

A.

Oh-ne sie kann ich hier nicht
U-den hen - - de er li - - - vet mig

pp

A.

le - ben, ö - de und leer ist's
værd-löst. jor-den en ör - ken

cresc.

A.

rings um mich! Und nie - mals wird sie mich
u - den haab! Og al - drig vil hun mig

a tempo

pp molto espress.

poco riten.

cresc.

52

8314

re - - - gem Schaf - fen sie,_____ mei - ner
dåds - kraf - tigt vir - ke at glem - - - - - - - me min

Ju - - - gend Traum, zu ver - ges - - sen!
ung - - - doms få - - gre-ste dröm - - me!

cresc.

Moderato. (begeistert)

O_
Aa,_

f dim. rall. ppp sempre pp

wie ist sie so lieb - - lich und
hvor er hun dog her - - lig og

8314

A.
A - - bends duf - ti - - gem Hauch!
kvel - - - dens duf - ten - - de bris!
cresc.
p
pp
Più mosso.
rall.
Ein - mal, nur
En - - gang, kun
ein - mal noch muss ich sie se - hen! Dann
en - - gang end maa jeg se Borg - hild! Saa
espress.
fern - - hin ü - bers wei - te Meer!
langt bort o - ver ha - vets blaa!
langsamer
pp

56

Ragna.　Allegro.

Dass du　von
At du　af

Borg - hilds Schön - - - heit denSinn　dir be - thö - ren lässt
Borg - hilds skjön - - - hed blev daa - retsom man - gen mand

ver - steh' ich　wohl!
for - staar jeg　vel,

Doch　be -
men　be -

klag' ich dich.
kla - ger dig.

Un - wür - dig
Al - drig var

8314

ist sie dei - ner Lie - - be!
hun værd saa at el - - skes!

ff *dim. rall.*

Più mosso.

Gun - nar ge - hört ihr Herz.___ Ihm, der so
Gun - nar hun gav sin tro.___ ved du jo

pp *sf* *cresc.* *pp*

man - ches Mäd-chen in die - sem Tha - le ver - führ - te
selv, hvor skjændigt han da - lens ung - dom for - fö - rer!

sf *cresc.* *cresc.* - - - *accel.*

oft im Schein des A - bends kam
Of - te saa jeg Gun nar ta -

poco più mosso

f *pp* *sf*

58

er, um Borg - hild zu be - su - chen.
- le med Borg-hild om kvæl - den.

Moderato.

Dann hört' ich die Bei - den lachen und spot - ten
Da hör - - te jeg beg - ge le__ og spot - te

ü - ber dich_____ und dein e - wig finst'res Ge-sicht.
o - ver dig_____ og dit mör - ke be - demandsfjæs!

Du sah'st ja selbst,_____ wie lu - stig sie lach - te, als sie
Du saa jo selv,_____ hvor haan-ligt hun smil - te. da du

8314

R
jüngst im Wal - de dich traf!_____
ny - lig traf hen - de selv!_____

Arne.

Ü - ber - mü - tig ist Borg - hild!
O - ver - mo - dig er Borg - hild!

A.
La - chend hüpft sie ein - her!___
Ler af mig og min sorg!___

A.
Oft auch sah ich mit
Of - - te jeg saa hen - - - de

A.
Gun - nar sie spre - chen,
ta - - le med Gun - nar;
da
hvor

Più mosso.

schien er so freu-dig, so sie - ges - ge - wiss!
syn - tes han seir - rig og jub - len - de glad!

So liebt sie doch   Gunnar!
Hun el - sker ham,   Gunnar!

Schnell.

O   wel-che Qual   er - füllt mir das Herz!
Aa,   hvor mit liv   er u - selt og tomt!

Tempo I.

riten.

Und doch, wie lieb' ich sie im-mer noch!
Og dog, jeg fö - ler kun kjær-lig-hed.

pp espress.

Molto ritenuto.
(Er reicht Ragna die Hand.)
(Han rækker Ragna haanden.)

ppp espress.

dim ratt. - -

pp espress.

Leb' wohl denn, Pfle-ge-schwe-ster.
Lev vel da, fo-ster sö-ster.

pp

Più mosso.

Dank für all dei-ne treu - e Freundschaft!
Tak for varmt og tro - fast ven-skab!

pp *esprss.*

Ped.

8314

Moderato.
(Geht ab durch den Wald.)
(Gaar bort gjennem skogen.)

IV. Scene.

Allegro.
Ragna.
(allein)
(alene)

64

Bald wird das Schiff ihn fern - hin tra - gen, weit ü bers Meer zum äus - ser - sten We - - sten! Auf im - - - mer ist er für sie ver - lo - - - ren.

Langt bort fra lan - - det i - ler ski - bet, fjernt o - ver hav mod y - der - ste ve - - sten! For e - - - vig er han nu tabt for hen - - de!

Moderato.

8314

Nun kannst du ju - - - beln in Ju - - gend - lust, ü - ber
Nu kan du jub - - le i ung doms fryd, kan dig

Früh-ling und Son - ne dich freu - - en stol - ze Borg - hild!
gla - de i blom-ster og vaar - - sol, stol - te Borg - hild!

Più mosso.   Moderato.

Nie siehst du wie - der im
Al - drig du ser mer i

Le - - ben ihn, den du liebst!
li - - vet ham, som du elsker!

8314

als käm' ein Sturm.
som komder en storm,

Der Tan-nenwald stöhnt in ban-ger Kla-ge!
et is - nen-de pust gaar gjennem sko-gen!

Und jetzt er-braust es wie Don - ner-dröh - nen.
Det drö - ner vildt, somnaar tord - nen ra - ser!

Der Berg-sturz kommt du kannst nicht ent - rinnen!
Det skre - den er, — al frel - se for - gjæves!

R.

mf cresc.

Wie - der hör' ich sein
At - ter hö - rer jeg

sf sf sf sf *sf pp* *cresc.*

8va grava - - - - - - - - -

R.

dum - pfes Rol - len!
fjel - det bra - ge!

Der Berg-sturz ist's
Den bru - ser frem,

er bricht her-
den vil - de

f *mf* *cresc.* -

R.

ein,
skred,

um dich zu be - gra - ben und
be - gra - ver dig Borg hild og

all dein Glück!
al din fryd!

sf

sf sf sf sf *mf* *cresc.* *accel.* -

Trp.
(marc.)

Furioso.

sf sf sf sf *ff* *'strepitoso* *sf* *sf*

(marc.)

sf sf *8va bassa* - - - - -

70

8314

72

passt für uns Ar-me, die ein - zig des Le - bens Jam - mer ken-nen!
fry der os ar me, som li vet blot skjæn - ked nöd og kum-mer!

Und ger - ne wird's uns von De - nen geschenkt, die in
Hvor her - ligt klæ - der og me-dynk de faa, som

Glück und Freu - de schwelgen.
ny - der li - vets ju - bel!

Un - ser E - lend die - net nur das Glück euch zu er -
Be - dre fö - ler lyk - kens börn ved vor kval li - vets

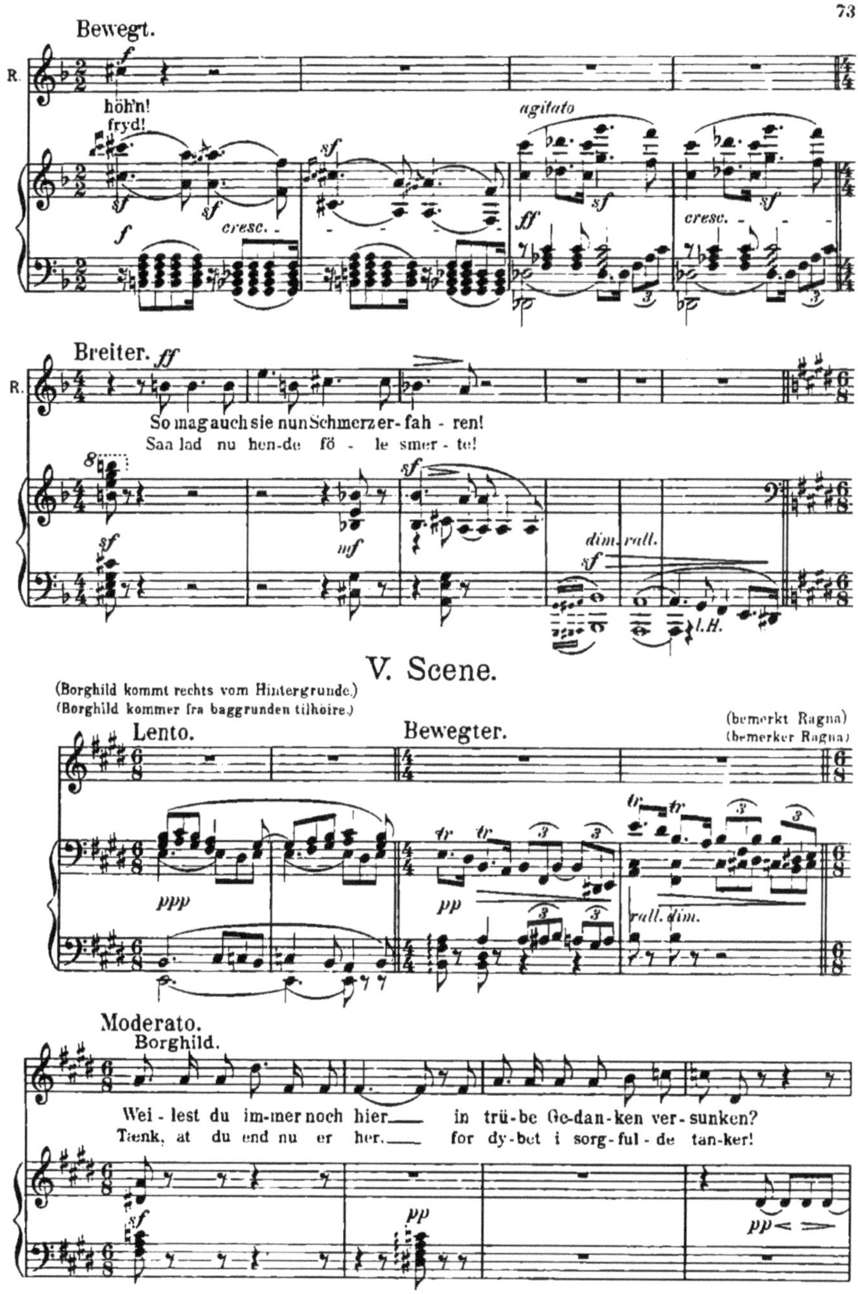

Bewegt.

höh'n!
fryd!

agitato

Breiter. ff

So mag auch sie nun Schmerz er-fah - ren!
Saa lad nu hen-de fö - le smer - te!

dim. rall.

V. Scene.

(Borghild kommt rechts vom Hintergrunde.)
(Borghild kommer fra baggrunden tilhöire.)

Lento.

Bewegter.

(bemerkt Ragna)
(bemerker Ragna)

Moderato.

Borghild.

Wei - lest du im-mer noch hier.____ in trü-be Ge-dan-ken ver-sunken?
Tænk, at du end nu er her.____ for dy-bet i sorg-ful-de tan-ker!

Ragna.(leise)
Ragna.(sagte)

Ja noch verliess mich der Kummer nicht!
Aa, hvor mit hjer - te er tungt af sorg!

rit. *pp* *pp espress.* *sf dim.* *pp*

Borghild.

Nun hab' ich all' die Ar-beit bestellt, die uns er-laubt ist am
Nu er mit ar - beid gjort for i - dag, alt, hvad jeg tör paa guds

hei - li-gen Sonntag! Komm doch set-ze dich ne-ben mich und sag mir, was dir den
hel - li-ge sön-dag! Kom nu, sæt dig saa hen til mig, og sig mig, hvor-af dit

Ragna. Borghild.

Sinn beschwert! Lass mich! Was bist du so schroff und kalt?
sind er sygt! Al - drig! vær ei saa barsk og kold?

agitato *p dim. rall.* *ppp a tempo* *pp*

8314

75

8314

76

die - ser hei - li - gen Mor - gen - stun - de drängt es mich gut und
den - ne hel - li - ge mor - gen - stund mit hjer - te er fuldt af

ppp

dank - bar zu sein. Es schwillt mein Herz in
re - ne - ste fryd! Og kjær - lighed fyl - der

poco cresc. - - - *p dim.* - - *pp cresc. marc.* - - -

Lie - be zu Al - - - len die gan - ze Schöpfung
he - le mit va' - - - sen. aa, kunde jeg fav - ne

p *dim.* - - - *p*

möcht' es um - fassen die Blu - men sind meine
alt, hvad gud skabte! De fag - re blomster, de

mf dim. - - - *pp*

78

klei - nen Freun - de, die Vö - gel, die ju - belnd den Tag be - grüssen, die
synes mig ven - ner, og fug - len, som jub - len - de da - gen hil - ser og

Schmet - ter - lin - ge die fröh - lich sich son - - nen, al - le, al - le
som - mer fug - len, som le - ger i so - - len, alt jeg els - ker, som

hab' ich sie lieb. Wie preis' ich in
le - ver og än - der! Jeg pri - ser med

Lento.

Won - ne den gü - ti - gen Schö - pfer!
ju - bel den al - go - de ska - ber!

8314

Più mosso.

(Zu Ragna.)
(til Ragna.)

Und du al - lein willst hier trau - rig sein verschliesse nicht
Blot du a - le - ne er trö - stes - lös Be tro dog mit

län - ger dei - nen Kum - mer er - leich - tre dein
ven - skab al din smer - te, hav til - lid til

Herz! Wir bei - de kön-nen uns nie ver-stehn!
mig! Du kan dog al-drig for - staa mig fuldt!

Ragna.

Fröh-lich und hei-ter bist du, und ich bin fin-ster und
mun-ter og ly-stig er du. mens jeg er ordknap og

_pp_
_pp_

8314

82

8314

Breit.
plötzlich stehen bleibend. jubelnd
(blir pludselig staaende)

O Glück, o Freu-de! Da
O Fryd. o ju-bel! Der

ist er ja selbst,___ so
er han jo selv!___ Hans

Poco più lento.

trieb ihn die Lie - - be doch zu - rück!
kjær - lig - hed drev ham dog mod dig!

Borghild.

(Ragna zieht sich nach dem Wald zurück)
(Ragna trækker sig tilbage)

Lass uns al-lein, lie-be Rag - na.
Gaa dog lidt bort. kjæ-re Rag - na.

VI. Scene.

(Arne kommt langsam vom Walde rechts nach dem Vordergrunde –   –
(Arne kommer langsomt ud fra skogen tilhöire mod forgrunden –   –

Poco più mosso.

Borghild.

A.

fort, weit ü - bers Meer. Du zie-hest fort?
bort, fjernt o - ver hav! Du dra-ger bort?

B.

Arne.

Willst Al - le ver-las-sen, die dir gut sind? Ja, ich muss
For - la der os al - le, di - ne ven-ner? Ja, jeg maa

pp cresc.

pp

A.

(reicht ihr die Hand)
(rækker hende haanden)

fort! Hinaus zu neu - en wei - te - ren Blicken.
bort, afsted mod ny - e. vi - de - re sy - ner!

p

(mit tiefer Bewegung)
(dybt bevæget)

(geht langsam nach dem Wald.)
(gaar langsomt mod skogen)

Leb'wohl hab Dank für Al - les was du mir gabst!
Lev vel! For alt hvad du gav mig min var-me-ste tak!—

p

8314

VII. Scene.

92

8314

93

96

8314

98

8314

A.
ha - - ben!
hjer - - te!
Wie
Kun
könn - te ich an - ders
god - hed jeg fö - ler.

espress.

A.
füh - len als Lie - be!
var - me-ste med - dynk!
Von
Jeg

pp cresc. - - mf dim.

A.
gan - zem Her - zen
til - gier gjer - ne,
sei dir ver-ge - ben!
af gans-ke hjer - te!

pp
pp

rall. dim. -

100

(Arne setzt sich auf den Rasen neben Borghild, die sich an seine Brust lehnt;
(Arne sætter sig i mosen ved siden af Borghild, som læner sig mod haus bryst.
Ragna zu Borghilds Füssen sitzend, legt den Kopf in deren Schooss.)
Ragna sætter sig foran dennes fødder og lægger hovedet i hendes skjöd.)

8314

(Die Kirchenglocken drunten im Thal beginnen zum Gottesdienst zu läuten.)
(Kirkeklokker nede i dalen begynder at ringe til gudstjeneste.)

(Glocken auf der Bühne.)

(Klokker bag scenen.)

8314

Chor der Wiesenblumen. (hinter der Bühne)
Kor af Markblomster. (bag scenen)

Moderato.

8314

103

8314

104

aus tau - send Kel - - chen steigt in die Luft,

Fra tu - send kal - ke sti - ger mod gud

Dank - ge - bet, das lieb - lich weht em - por zum Him - mel als Op - fer - duft

her - lig duft, saa ren og skjön. de bly - ge markblomsters tak - ke - bön!

8314

Arne.

Hei-li-ge Tö - ne schei-nen zum Him-mel zu schwe - - - - ben!
Hel-li-ge to - ner sy - nes at svæ-ve mod him - - - - len!

Wir lie - ben der Son - - - ne

Hvor el - sker vi so - - - lens

A. Es preist den Schöp - fer die ganze Na - tur
Nu pri-ser na - tu - ren sin al - go-de skaber

gold' - nen Strahl, Die
gyld - ne glands, Og

A. Vö - gel im Wald - und die Men - schen im Thal,
fug - len, som kvid - - rer i jub - len-de lyst.

schimmernd uns klei-det in Herr - - - lich - keit!

kla-der os straa-lend' i her - - - ligt skrud!

Arne.

A.

Sin-gen von Lie - - be und
Syn-ger om kjær - lig-hed og

110

dern geben im Hintergrunde vorüber.)
baggrunden.)

(Der heilige Friede des Sonntagsmorgens breitet sich
(Söndagens hellige fred breder sig med stærkere sol-

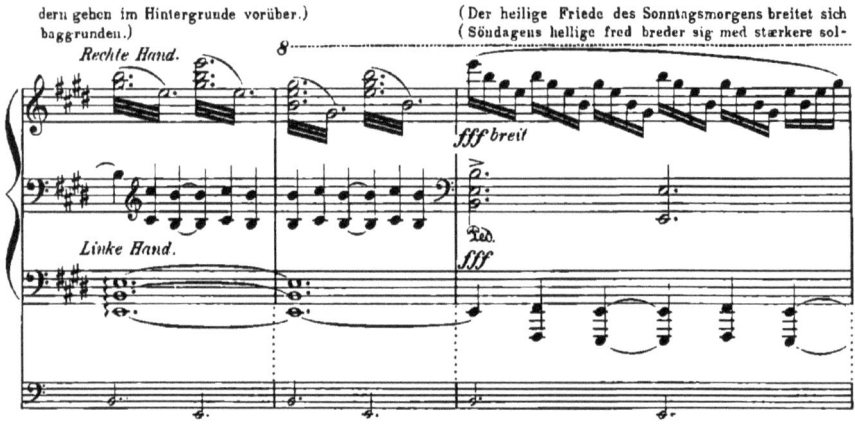

mit stärkerem Sonnenglanz rings über alles aus.)
glands forklarende over det hele.)

8314